AF348207

PONTS ET CHAUSSÉES

ÉTABLISSEMENT ET ENTRETIEN
DES PLANTATIONS

INSTRUCTIONS PRATIQUES

INSTRUCTIONS PRATIQUES

SUR

L'ÉTABLISSEMENT ET L'ENTRETIEN

DES PLANTATIONS DE ROUTES, DE CANAUX, D'AVENUES, ETC.,

A L'USAGE DES

Ingénieurs et Conducteurs des Ponts-et-Chaussées,
des Agents-Voyers, Propriétaires, etc.,

PAR

M. A. SARTIAUX

Ingénieur des Ponts-et-Chaussées.

—✦—

SENLIS

IMPRIMERIE ERNEST PAYEN
11, place de l'Hôtel-de-Ville, 11

—

1875

DÉDIÉ

A

Mon respecté maître M. le Comte A. DES CARS

ET A

Mon excellent ami M. le Marquis L. DES CARS.

AVERTISSEMENT

Ces *Instructions* avaient été spécialement
destinées aux Conducteurs et Agents-Voyers
chargés, sous ma direction, de l'entretien des
diverses voies de communications, routes ou
chemins vicinaux de l'arrondissement de Senlis.

Les témoignages de satisfaction que m'ont
donnés sur ces *Instructions* plusieurs Ingénieurs
et Forestiers éminents et, en particulier, leur
adoption pour le service de tout le département
de l'Oise par mon excellent Ingénieur en chef
M. Gosselin, m'ayant fait croire qu'il ne serait
pas inutile de les livrer à la publicité, je me suis
décidé à les réunir en un petit volume, sans
rien changer, pour ainsi dire, à leur forme
primitive.

Je désire que ces *Instructions* ne soient pas
tout à fait inutiles et je serai bien payé si elles
peuvent éviter quelques recherches et rendre
quelques services à ceux qui s'occupent de
l'établissement et de l'entretien des arbres d'ali-
gnements.

Je place ce petit livre sous la haute et

bienveillante protection du Conseil général de l'Oise, de M. le Préfet et de M. l'Ingénieur en chef dont la tradition est de toujours aider puissamment tous ceux qui, dans la limite de leurs forces, s'appliquent à travailler au bien du département.

A. SARTIAUX.

INTRODUCTION

Les plantations sur les voies de communication ont deux objets principaux :

1° Créer, sur des terrains improductifs, des bois de service qui sont fort précieux pour l'Industrie et qui constituent pour l'Etat, les départements et les communes, un capital ou un produit d'une valeur considérable.

2° Orner les routes d'arbres qui embellissent le paysage, procurent de beaux ombrages aux voyageurs et les protègent contre les ardeurs du soleil d'été.

On pourrait ajouter que, dans bien des cas, les plantations favorisent l'entretien de la viabilité, en protégeant la route contre les sécheresses qui désagrègent les chaussées.

Il est évident qu'il faut renoncer aux plantations dans certains cas déterminés : sur les routes trop étroites, dans des tranchées où la route est déjà trop humide, etc.; mais, en général, les plantations produisent les meilleurs effets, au point de vue de l'entretien même de la chaussée, aussi bien qu'à celui de l'ornement et du produit.

Il est certain que les bois de construction deviennent tous les jours plus rares. La consommation augmente tandis que la production diminue, nos forêts s'épuisent, les forêts lointaines ne tarderont pas à devenir insuffisantes et, si nous n'y prenons garde, nous éprouverons une crise déplorable, ou du moins nous la léguerons aux générations qui vont suivre.

Un moyen de retarder, sinon de conjurer cette crise, consiste à établir des plantations sur les accotements des routes larges, le long des canaux, des chemins de halage, etc...

Si l'on considère qu'il existe dans le département de l'Oise, par exemple, 1,200 kilomètres au moins de routes ou chemins susceptibles d'être plantés, on voit qu'on peut établir sur leurs accotements une plantation de 240,000 arbres espacés de 10 mètres, qui équivaudra à 600 hectares environ de bois de haute futaie, soit à peu près la 55me partie de l'étendue des bois soumis au régime forestier dans l'Oise.

Or, le prix d'établissement d'un arbre, comprenant les remplacements, les prix de tuteurs, de gaulettes et de fils de fer, les dépenses de main-d'œuvre pour façon de fosses, pose de tuteurs, etc... est en général inférieur à 4 fr. et ne dépassera jamais 5 fr. Comme les produits de l'élagage couvriront largement, au moins au bout d'un certain nombre d'années, les dépenses de l'entretien, dont la main-d'œuvre peut d'ailleurs être fournie par les cantonniers sédentaires des routes, on arrive à cette conclusion qu'un arbre, arrivé à mâturité, rapportera, tous frais payés, un bénéfice net moyen de 20 à 30 fr. suivant les espèces. Cela représenterait, pour les 240,0 0 arbres des 1,200 kil. de routes ou chemins plantés du département de l'Oise, un bénéfice net total de 5 millions de francs au moins.

En supposant même que la dépense, au lieu d'être faite sur un revenu, fût faite à l'aide d'un emprunt, par exemple, pour lequel il faudrait tenir compte des intérêts composés, ce bénéfice représenterait encore un placement des plus avantageux.

De pareilles plantations pourraient être faites sur tout le territoire français, et si l'on songe que plus de 90,000 kilomètres sont susceptibles d'être plantés, on arrive au chiffre énorme de 18 millions d'arbres équivalant à plus de 45,000 hectares de bois de haute futaie et représentant un bénéfice, net de toute charge, de 400 millions environ obtenus par une dépense inférieure à 90 millions.

On comprend donc que les dépenses qui se-

raient consacrées à l'établissement des plantations, sur les routes en particulier, recevraient
un emploi des plus utiles et en même temps des
plus productifs.

Il est, par conséquent, fort intéressant de faire
connaître les procédés suivant lesquels il faudra
établir et entretenir les plantations qui seront
faites dans l'avenir, et à l'aide desquels il est
possible d'entretenir les plantations existantes,
afin d'obtenir les produits les plus considérables.

CHAPITRE Ier

Deux circulaires ministérielles, du 17 juin 1851
et du 9 août 1852, ont tracé la marche à suivre,
pour l'établissement et l'entretien des plantations
sur le sol des routes Nationales.

Je vais les résumer sous forme d'instructions
pratiques, et les compléter par la description
des meilleures méthodes, empruntées d'ailleurs
à l'excellent manuel de M. Du Breuil, au très
remarquable et très pratique traité d'élagage de
M. le comte des Cars et aux instructions de
M. le Dr Eugène Robert.

J'ajouterai aux quelques résultats de mon ex-
périence personnelle, les bons conseils qu'à bien
voulu me donner verbalement M. le comte des

Cars et que je n'aurai pour ainsi dire qu'à transcrire, et j'espère, de la sorte, réunir en quelques pages la description des meilleurs procédés d'établissement et d'entretien des plantations.

J'ai appliqué ces procédés et surtout les méthodes d'élagage et de redressement de M. le comte des Cars sur d'importantes plantations du département de l'Orne et du département de l'Oise ; le succès a été complet, et, par conséquent, je crois qu'il n'est pas inutile de les signaler à l'attention de tous ceux qui s'occupent des plantations des routes et de leur en présenter la description sous une forme simple et pratique.

Je rappellerai tout d'abord les principes de physiologie qui serviront à légitimer les méthodes qui seront décrites tout à l'heure.

CHAPITRE II

PRINCIPES DE PHYSIOLOGIE VÉGÉTALE

§ I. — *Essai d'une théorie du mode de nutrition des arbres.*

Les tissus végétaux sont formés : 1° de principes dits *organiques* qui ne se trouvent que dans les êtres vivants et dont les éléments sont : le carbone, l'oxygène, l'hydrogène et l'azote ;

2º de principes *minéraux* qui se rencontrent à la surface de la terre et dont les éléments sont : le phosphore, le soufre, le chlore, le calcium, le potassium, le sodium, le magnésium, le manganèse, le fer et le silicium.

Il résulte des travaux de divers savants, et en particulier de ceux de M. Ville, de ceux de M. l'ingénieur Duponchel, etc., que les végétaux *ligneux* tels que les arbres et certaines plantes sauvages, comme les fougères et les bruyères, ne renferment d'éléments minéraux qu'en quantité très petite et beaucoup moindre que les végétaux herbacés tels que le froment, le seigle, le foin, etc...

Les éléments minéraux viennent nécessairement du sol, et les éléments organiques sont, en très grande partie, empruntés à l'atmosphère, de telle sorte que, dans la culture des arbres, *la constitution physique du sol a une importance très prédominante sur la constitution chimique, c'est-à-dire que la nature du sol intéresse bien plus au point de vue de la faculté qu'il a de conserver les eaux pluviales en quantité convenable, d'absorber la chaleur, de laisser développer les racines de l'arbre, etc.; qu'au point de vue des éléments chimiques qui le composent,* puisque les arbres vivent presqu'entièrement des éléments qu'ils trouvent dans l'atmosphère.

Cela posé, examinons, avec quelques détails, comment s'opère la nutrition.

Les arbres se nourrissent par les racines et par les feuilles. Les racines puisent dans le sol par leur chevelu, par leurs *extrémités radiculaires,* disent les botanistes, l'eau qui s'y trouve tenant en dissolution de l'air, de l'acide carbonique, des sels, etc... en un mot des principes organiques et des principes minéraux. Cette eau qu'on appelle *la sève proprement dite,* monte d'après la loi des vases communiquants au niveau du sol jusqu'au collet de l'arbre, puis, grâce à la capillarité, s'élève à une certaine hauteur dans les canaux capillaires situés dans les couches ligneuses les plus extérieures qui forment l'*aubier.*

Arrivée là, et lorsque l'arbre se trouve dans certaines conditions, de température, de chaleur, de lumière, etc., la sève monte et se transmet dans toutes les parties de la plante.

Quelle est la cause de ce mouvement progressif et ascensionnel, que les lois de l'hydrostatique et de la capillarité ne suffisent plus à expliquer? On a tour à tour invoqué pour expliquer ce phénomène : la raréfaction ou la condensation de la sève, le jeu des utricules, le jeu d'espèces de soupapes qui empêcheraient de descendre la sève constamment attirée par la capillarité, et enfin une action spéciale basée sur la loi de l'équilibre de densité des liquides et qu'on a appelée l'*endosmose*. Il y a peut-être du vrai dans toutes ces hypothèses plus ou moins ingénieuses, mais elles sont sujettes à bien des objections; la plus grave et la plus concluante qu'on puisse faire à la théorie de l'endosmose, qui est l'explication la plus généralement admise, c'est qu'elle est applicable en toutes saisons et que, cependant, dans nos climats, la végétation s'arrête pendant l'hiver.

La vérité est très difficile à découvrir, parce que le phénomène est extrêmement complexe.

Il faut, en effet, pour l'expliquer, tenir compte de la valeur de la chaleur, statique pour ainsi dire, dans laquelle sont plongés les organismes de la plante, et dans laquelle seulement ils peuvent manifester leur activité; il faut faire intervenir encore la lumière et la chaleur, dynamique pour ainsi dire, qui produisent les phénomènes mécaniques et chimiques de la végétation, l'intensité et la durée de leur action lumineuse ou échauffante; l'état hygrométrique de l'air; la chaleur accumulée dans le sol autour des racines; la chaleur de l'eau absorbée par les racines et répandue dans l'organisme; la constitution physique et chimique du sol, sa qualité au point de vue de la perméabilité et de

la rapidité avec laquelle, par suite de l'action
solaire, de la gelée ou du rayonnement, il se
réchauffe et se refroidit; la chaleur dépensée
par la transpiration des feuilles; la facilité plus
ou moins grande de l'arbre à s'échauffer ou à
se refroidir, etc., etc... Bref, des causes très
multiples concourent, à des degrés très divers,
au phénomène de l'ascension de la sève; peut-
être la cause principale du mouvement réside-
t-elle dans la différence existant entre la température de la partie supérieure de l'arbre et
celle du sol et du liquide où plongent les racines,
et dans l'évaporation qui, ayant lieu par les
feuilles, opère une raréfaction et fait monter le
liquide à la façon de l'eau dans le corps de
pompe d'une pompe aspirante. Cette manière
de voir paraît assez bien justifiée par l'observa-
tion suivante : Que dans nos contrées c'est au
printemps, c'est-à-dire au moment où le sol,
mouillé par les pluies équinoxiales, est encore
froid de l'hiver, et où le soleil échauffe énergiquement l'atmosphère que la végétation est la
plus vigoureuse; qu'après avoir subi un temps
d'arrêt pendant les fortes chaleurs de juin et
juillet, ou l'air et le sol sont à la même température, elle reprend généralement en août, pour
former la sève dite d'août, avec les fortes pluies
du solstice, qui refroidissent le sol, en lui don-

nant l'humidité qui lui manquait ; et enfin qu'au moment où tout se refroidit, sol et atmosphère, la végétation diminue et même s'arrête à la fin de l'automne et pendant la période d'hiver.

Quoi qu'il en soit, et quelle qu'en soit la cause, à certaines époques de l'année et dans certaines conditions, de lumière, de chaleur, etc., la sève proprement dite monte et se répand dans l'arbre jusqu'à ses extrêmités les plus reculées.

Puis, l'évaporation commence et produit l'accumulation des matières sucrées, gommeuses, mucilagineuses et minérales, dont la conséquence immédiate est l'épaississement de la sève, et, par suite, l'accroissement de ses qualités nutritives.

Il est utile de faire remarquer, parce que nous en verrons plus tard l'application pratique, que cette évaporation n'a pas lieu seulement par les feuilles, mais aussi par toutes les parties vertes de l'arbre, et en particulier à travers les pores de l'*épiderme* par le *parenchyme* dont le tissu herbacé se rapproche, quoique moins compacte, de celui des feuilles. L'analyse chimique prouve, en effet, qu'il y a plus de sels minéraux dans les feuilles et le parenchyme que dans l'aubier et le cœur du bois, et qu'ils sont en plus grande abondance dans les feuilles que dans le parenchyme parce que l'évaporation est moins active par celui-ci que par celles-là.

En même temps que l'évaporation se produit, les parties vertes de l'arbre, sous l'action de la lumière solaire, de la chaleur, etc., absorbent l'acide carbonique de l'air et le décomposent; l'oxygène, qui y était en combinaison, est mis en liberté et se dégage, tandis que le carbone se fixe dans la sève, et, en l'épaississant encore, la transforme en la matière organisatrice qu'on appelle *cambium*.

Les opérations que nous venons de décrire, à savoir : L'évaporation qui commence à rendre la sève propre à la nutrition, et la fixation du carbone qui termine l'élaboration, se sont faites sous l'action directe de la chaleur solaire.

Le soleil a provoqué l'évaporation, et, pour séparer le carbone de l'oyxgène, a dépensé une quantité de chaleur exactement équivalente à celle qu'aurait développée la combustion du carbone en acide carbonique.

La nuit, lorsque l'action calorifique du soleil a diminué et que l'obscurité s'est faite, l'absorption par les racines et l'ascension de la sève se ralentissent, l'évaporation s'arrête, la face inférieure des feuilles et le parenchyme se joignent alors aux racines pour puiser dans l'atmosphère de la vapeur d'eau et de l'oxygène.

Sous l'influence de la chaleur, ou, ce qui revient au même, de la force vive, fournie par le soleil, et probablement emmagasinée dans le sol végétal , les matières carbonées de la sève se dissocient et mettent en liberté, pour s'unir à l'oxygène absorbé, le carbone retenu par l'affinité chimique ; il y a formation et reversement dans l'air d'acide carbonique, qui, plus tard, à la lumière du jour, sera de nouveau absorbé avec l'acide de l'air atmosphérique et décomposé, pour la fixation du carbone dans le tissu végétal.

Nous ferons remarquer, en passant, l'influence salutaire des plantations sur la salubrité et la pureté de l'air. Par cette fixation de carbone qui varie entre 2,000 et 6,000 kilog. par hectare, l'air est débarrassé de l'excès d'acide carbonique versé dans l'atmosphère par la respiration des animaux et qui ne pourrait pas, sans danger, dépasser la proportion de 1 millième.

Nous venons d'assister à la formation de la sève, à son transport dans toutes les parties du végétal et enfin à son élaboration. La substance organisatrice ou le cambium est constituée ; comment va-t-elle servir au développement du végétal? Nous avons vu le cambium se déposer dans les cellules de la feuille et se former, en même temps, par l'action du parenchyme, sur les parties latérales du tronc et des branches. Ce cambium, dont la partie formée par le parenchyme de l'écorce détermine la formation d'une couche nouvelle de liber et métamorphose la couche de l'année précédente en aubier, passe des cellules de la feuille dans ses nervures et descend jusqu'aux racines par les vaisseaux de ce liber. Quand le cambium organisé par le parenchyme de l'écorce est trop fortement pressé par la sève, au moment le plus actif de sa circulation, le cambium perce l'épiderme et développe une branche. Quelques savants ont nié l'existence de la sève descendante par le liber. M. des Cars cite le fait suivant, qui est contraire à cette opinion et dit dans son livre : « Entre mille « exemples qu'on rencontre à chaque pas, tout « le monde n'a-t-il pas pu remarquer que le bour« relet, occasionné par la pression du chevre« feuille sauvage sur les arbustes qu'il entoure, « se forme toujours à la partie supérieure? » Ce fait prouve clairement qu'en dehors de l'accroissement de l'arbre par le cambium du parenchyme de l'écorce, cambium qui forme le très léger bourrelet qui existe souvent aussi au-dessous de la ligature, il y a principalement accroissement par le cambium qui descend des parties supérieures aux parties inférieures et s'accumule au-dessus de la ligature produite par le chevrefeuille.

Tel est à peu près, en résumé et en général, le mode d'existence, d'entretien et d'accroissement des arbres. Quelques points de cet exposé sont peut-être et sont même probablement discutables au point de vue scientifique et théorique, mais il met en lumière quelques principes et quelques faits indiscutables qu'au point de vue tout à fait *pratique* il importe de résumer et de faire ressortir. Ce sont les suivants :

§ II. — *Principes généraux de physiologie végétale utiles à retenir.*

1° La chaleur versée par le soleil sur la terre, sous les différentes formes de chaleur, de lumière, d'électricité, de mouvement, etc., est la cause première et principale de la vie et du développement des arbres.

2° Un arbre, à un moment quelconque de son existence, représente un travail mécanique équivalent à la réunion du travail chimique ou d'organisation qu'on retrouve en brûlant le végétal, et du travail physique ou de mouvement que l'on reproduit en multipliant le poids de l'arbre par la hauteur de son centre de gravité.

3° Les arbres se nourrissent par leurs racines et par leurs parties vertes, les feuilles et l'écorce. Par les racines, ils puisent principalement dans le sol l'eau chargée des matières sucrées, gommeuses, mucilagineuses, minérales, etc., qui forment la sève proprement dite; par la partie verte s'effectue la transformation de la sève proprement dite en la substance nutritive appelée cambium dont le dépôt amène l'allongement et le grossissement de l'arbre.

4° La constitution physique du sol où l'arbre est planté, c'est-à-dire sa perméabilité, sa compacité, sa capacité pour la chaleur, etc., sont bien plus importantes et plus utiles à rechercher que sa constitution chimique.

5° Les différentes espèces d'arbres, demandent pour vivre et prospérer une composition de sol et des conditions météorologiques de climat qui soient appropriées à leur nature et pour ainsi dire aux habitudes invétérées qu'elles doivent à l'influence de l'atavisme et à l'action du sol et du climat originel.

Ces principes et faits étant rappelés, j'entre dans le détail des opérations pratiques qui doivent être recommandées pour l'établissement et pour l'entretien des plantations de routes et d'avenues.

CHAPITRE III

ETABLISSEMENT DE PLANTATIONS

§ I. — *Choix des essences.*

Ainsi que le dit la circulaire de 1851, les essences à préférer dans chaque localité, sont celles qui satisfont à la double condition d'être bien appropriées au sol et au climat, et de donner un bois de bonne qualité (chapitre II, § II, 5°) ; j'ajouterai qu'il faut choisir de préférence les essences rustiques, et, parmi elles, les arbres à haute tige et à racine pivotante, surtout sur les routes peu larges, afin de ne point gêner la végétation sur les terrains riverains de la route. Dans nos climats, je crois que les arbres à planter sont parmi les essences lentes :

1° *L'Orme* et en particulier l'*orme tortillard*, dont le bois est excellent et a beaucoup d'usages industriels ; il se plaît dans presque tous les terrains, sauf, cependant, dans les sols très légers et secs et dans les sols tourbeux et humides.

2° *Le Hêtre* des bois, qui vient bien dans les pays froids et élevés, et prospère dans des terrains assez compacts.

Parmi les essences hâtives j'indiquerai :

1º *Les Peupliers* de toutes espèces, qui viennent bien presque partout, et en particulier le *peuplier suisse* dont le bois est propre à beaucoup d'usages, qui est facile à diriger et fait un bon effet dans les plantations des routes ; il est bien préférable dans notre pays au peuplier de la Caroline, au peuplier d'Italie, et même à l'Ipréau ou peuplier de Hollande, quoique celui-ci soit excellent dans les contrées ou il prospère.

2° *Le Platane*, qui prospère dans les terrains de consistance moyenne ou légers et humides et forme de magnifiques avenues.

3• *L'Acacia*, qui réussit dans les terrains mêmes les plus ingrats.

4° *L'Erable Sycomore* ou *l'Erable Plane*, dont le bois a de la valeur et qui n'est pas très difficile sur le choix des terrains, quoiqu'il préfère les sols de consistance moyenne et en tous cas les sols légers secs ou humides. Il faut cependant ne le choisir qu'avec précaution.

5° Enfin, on peut indiquer parmi les espèces résineuses qui peuvent être employées dans des sols spéciaux et dans des cas particuliers, le *Sapin* commun, le *Pin Sylvestre*, etc.

§ II. — *Emplacement et espacement de plantations.*

La position des rangées d'arbres sur les routes

a été fixée par la circulaire du 17 juin 1851.

Les plantations ne doivent être faites que sur les routes de 10 mètres de largeur au moins. Quand la largeur, entre arêtes extérieures des accotements, est supérieure à 10 mètres, on peut placer les rangées dans une zône comprise entre deux parallèles à l'axe, situées l'une à 4 mètres 50 centimètres de l'axe, et l'autre à 50 centimètres de l'arête extérieure de l'accotement. A moins de circonstances exceptionnelles exigeant impérieusement une largeur plus grande entre les arbres, il est préférable de les rapprocher de l'arête intérieure de l'accotement, afin de moins gêner les propriétés riveraines. Dans le cas où l'on pourrait planter sur deux lignes, ces lignes devraient être espacées de 5 mètres 50 centimètres au moins, et ces arbres plantés en quinconce.

D'après la circulaire du 9 août 1850, la distance d'un arbre à l'autre sur une même ligne, doit être généralement de 10 mètres; c'est cette distance que nous adopterons toujours, d'abord parce qu'elle est très propre à assurer le développement de l'arbre, et ensuite parce qu'elle coïncide avec les divisions du bornage kilométrique.

§ III. — *Ouverture des fosses.*

Il est excellent d'ouvrir les fosses quelques mois avant la plantation, afin d'aérer et de rendre plus friable la couche de terre placée au-dessous de la surface; mais, comme un délai aussi long peut offrir quelques dangers pour la sécurité publique, on peut se borner à ouvrir les fosses un mois avant la plantation et même aux abords fréquentés des villes, on peut réduire cet intervalle à 15 jours. Comme il convient d'exécuter les plantations dans le courant du mois d'octobre, c'est donc en septembre qu'il faudra creuser les fosses. Précisément à cette époque, les cantonniers n'ont point d'occupations pressées, et on devra les utiliser pour cette opération tout le temps qu'ils pourront, sans inconvénient, ne pas donner à l'entretien de la route. Il sera bon, après avoir ouvert la fosse, d'en remuer le fond, afin de l'ouvrir à l'influence de l'atmosphère.

1° *Forme et dimension des fosses.* — Les trous destinés à la plantation auront la forme circulaire.

L'excavation devra avoir de 1 mètre à 1 mètre 50 centimètres de diamètre avec les arbres à racine pivotante, et 1 mètre 50 centimètres à 2 mètres pour les arbres dont les racines s'étalent horizontalement; il vaudrait mieux toujours se rapprocher des limites supérieures, et d'autant plus, que le sol de la route sera moins fertile, plus compact, et différera plus du sol de la pépinière. La profondeur des trous devra varier avec la plus ou moins grande facilité du sol à retenir l'humidité; elle variera entre 80 centimètres pour les terrains les plus secs, et 40 centimètres pour les sols très humides.

2° *Retroussement des terres autour des fosses.* — On pratique l'excavation à la bêche où la pioche, mais il faut avoir soin de séparer les différentes couches du sol à mesure qu'on les extrait. On dispose les terres déblayées en petits tas déposés en cordons autour de la fosse, afin d'empêcher les accidents.

3° *Préparation des terres de remplissage.* — Ainsi qu'il résulte des §§ 4 et 5 des principes généraux, la constitution physique du sol a une grande influence sur le développement des arbres. Il faut, en général, faire en sorte de placer les arbres dans un sol aéré et perméable ayant, en un mot, toutes les propriétés hygrométriques et calorifiques convenables.

Cela est surtout important pour les arbres jeunes et peu robustes encore, et, par conséquent, il est nécessaire de remplir la fosse ou le trou de plantation avec une terre bien appropriée au rôle qu'elle doit jouer dans la végétation.

Pour préparer ces terres de remplissage, il faut d'abord, épierrer et broyer les terres extraites du trou, de manière à ce qu'elles renrment environ un tiers de sable grossier de la grosseur d'un pois, un sixième de sable moyen de la grosseur d'un grain de millet, un dixième de sable fin et deux cinquièmes d'humus et d'argile et former ensuite le sol de remplissage avec environ moitié silice, un cinquième d'argile, un cinquième de calcaire et le reste, soit un dixième, de matières organiques et d'oxyde de fer.

L'argile, par sa compacité, fixe les racines et relie les différentes parties du sol; le sable atténue la compacité et donne la perméabilité et la légéreté; le calcaire absorbe l'eau et maintient l'humidité du sol; les matières organiques donnent au sol les substances organiques nécessaires à la végétation.

On devra toujours chercher à se rapprocher, autant que possible, de cette composition théorique, soit en ajoutant de l'argile, si le sol est trop léger et trop exposé à la sécheresse, soit en ajoutant des platras concassés, ou même de la marne délitée, si le sol est exposé à une humidité surabondante.

Cependant, on s'écartera plus ou moins de la composition théorique ci-dessus suivant que les arbres à planter exigeront des sols compactes, de consistance moyenne, légers humides, légers secs, tourbeux humides, etc.

Quant à la terre végétale à ajouter, elle sera extraite par les cantonniers des accotements ou des fossés et employée après décomposition des gazons.

§ IV. — *Choix des arbres.*

1° *Provenance des plants et conditions auxquelles ils doivent satisfaire.* — Les arbres doivent, autant que possible, être choisis dans une pépinière (1) présentant un sol à peu près de même nature que celui de la route qui doit recevoir la plantation. Cela résulte du principe rappelé dans le chapitre II, § V, c'est-à-dire de l'influence considérable des habitudes invétérées de la plante, sur sa croissance et son développement. Les plants à employer doivent avoir été repiqués dans la pépinière, y avoir été placés à des distances de 50 à 60 centimètres environ, avoir une tige bien droite, une écorce bien lisse, sans cicatrisations de plaies trop apparentes résultant de la suppression tardive des branches latérales.

---

(1) NOTA. — Dans les départements forestiers, il est très avantageux de demander de jeunes plants à l'administration des forêts, qui ne les refuse jamais et les donne pour ainsi dire gratuitement.

2° *Dimensions et âge des plants.* — Il faut que les plants soient assez âgés pour supporter la transplantation et assez jeunes pour que cette opération ne soit pas trop difficile et trop coûteuse. Je résume dans le tableau suivant les conditions propres à chacune des espèces recommandées plus haut :

ESPÈCES	AGE	HAUTEUR du fut.	HAUTEUR totale.	Circonférence de la tige mesurée à 1ᵐ du collet.
Orme.	5 à 7 ans	2ᵐ50	3ᵐ50 à 4ᵐ	0ᵐ14
Hêtre des bois	4 à 6 ans	2ᵐ à 2ᵐ20	3ᵐ	0ᵐ10 à 0ᵐ12
Peuplier. . . .	3 à 5 ans	2ᵐ50 à 3ᵐ	4 â 5ᵐ	0ᵐ16
Platane	4 à 6 ans	2ᵐ50	3ᵐ50 à 4ᵐ	0ᵐ14
Acacia.	3 à 5 ans	2ᵐ50	3ᵐ50 à 4ᵐ	0ᵐ14
Erable, sycomore ou plane.	4 à 6 ans	2ᵐ50	3ᵐ50 à 4ᵐ	0ᵐ14
Sapin commun	»	»	1ᵐ à 1ᵐ50	»
Pin	»	»	1ᵐ à 1ᵐ50	»

Il est indispensable d'ajouter aux conditions de dimensions des arbres les conditions d'âge, afin d'écarter les sujets qui n'auraient acquis les dimensions prescrites qu'à la longue, qui seraient par conséquent mal venants et n'auraient aucune chance de prospérer.

3° *Déplantation.* — Il faut enlever les plants

des pépinières par un temps doux et humide, sans pluie cependant, en se gardant des temps de gelée et des vents desséchants.

La déplantation doit s'effectuer avec beaucoup de soins, de manière à enlever le plant avec ses racines sans les détériorer.

Pour cela, on creusera autour de l'arbre une tranchée circulaire de 80 centimètres à 1 mètre de diamètre, si l'espacement des arbres dans la pépinière le permet, et d'une profondeur telle qu'elle pénètre un peu au-dessous du point où sont arrivées les racines ; on mettra à nu avec précaution le collet et les racines que l'on conservera avec leur chevelu en évitant, autant que possible, de les blesser d'une manière quelconque. Il sera bon d'assister à l'opération de déplantation ou d'y faire assister un cantonnier-chef. Si les arbres doivent voyager ou ne pas être replantés de suite, ce qu'il faut tâcher d'éviter, il est absolument nécessaire de garantir les racines contre le dessèchement et la gelée, et pour cela de les empailler soigneusement.

4° *Préparation des arbres.* — Cette préparation s'applique aux racines et à la tige.

Elle consiste, pour les racines, à enlever avec un sécateur l'extrémité des racines rompues, ou desséchées, et à couper celles qui ont été blessées, immédiatement au-dessus de la plaie. Toute

autre amputation doit être sévèrement inter-
dite.

En ce qui concerne la tige, les amputations
doivent être faites avec prudence, être propor-
tionnées aux suppressions des racines, et ne
porter dans tous les cas que sur des ramifications de 1 ou 2 ans au plus.

§ V. — *Plantation et remplissage des fosses.*

On commencera par former au fond de la fosse,
un lit de gazons morcelés et placés racines en
l'air, et d'une épaisseur telle que le collet de la
racine se trouve au-dessus du niveau du sol
tassé: à 0^m02 et 0^m03 dans les sols compactes et
humides, à 0^m05 dans les terres de consistance
moyenne, à 0^m07 et 0^m08 dans les sols légers et
perméables.

Puis, avec la pelle et les mains, on fera couler
entre les racines de l'arbre la terre réduite en
poudre fine et préparée comme il a été dit plus
haut et on tassera, soit avec les pieds soit en ar-
rosant; le comblement sera effectué jusqu'à environ 0^m10 au-dessus du niveau du terrain non
remué afin qu'après le tassement, la terre du
trou prenne le niveau du terrain voisin. Lorsque le sol où l'on exécute la plantation est très
argileux et se trouve en remblai, ou bordé d'un
fossé profond, il sera bon de fournir aux eaux

un moyen d'écoulement vers le talus ou le fossé
de la route, à l'aide d'une file ou deux de drains
en pierres ou fascines.

§ VI. — *Tuteurs.*

On complétera l'opération en plantant, *en
même temps que les arbres*, des tuteurs de 0^m05
à 0^m07 de diamètre, enfoncés dans le sol de 0^m60
à 0^m80 et dont la hauteur égalera et même dépassera un peu la hauteur totale des plants. Ces
tuteurs qu'on appliquera surtout contre les peupliers, seront placés du côté de la chausssée, ils
seront en chêne, en châtaignier ou en acacia
dont l'écorce aura été enlevée. Enfin, pour ter-
miner, on défendra les jeunes plants par des
garnitures d'épine noire ou d'autres arbustes
épineux, et l'on couvrira le sol par des ense-
mencements profonds d'ajoncs faits au printemps
dans la proportion de deux grammes par mètre
carré.

On pourra même, dans quelques cas, protéger
les plants contre les voitures par des chasses-
roues ou bourrelets en terre de dimensions uni-
formes et bien alignés, exécutés par les cantonniers.

Telle est, en résumé, la série des méthodes à
employer pour établir une plantation dans de
bonnes conditions. On voit que toutes les me-

sures ont été prises pour placer l'arbre dans les conditions théoriques les meilleures : au milieu d'un sol fertile, bien divisé, aéré et perméable, qui garde, sans excès, toute l'humidité qu'il faut pour que les racines puissent y puiser les éléments minéraux et mêmes organiques nécessaires à la nutrition de l'arbre ; dans des fosses suffisamment grandes, pour que les racines puissent se développer sans difficulté et, enfin, de telle sorte que les racines, agents primitifs et principaux de la transmission de la sève proprement dite, conservent toute leur vitalité et leur énergie d'aspiration.

Toutes ces précautions sont loin d'être superflues, et ce n'est qu'à la condition de les appliquer rigoureusement qu'on obtiendra des plantations de belle et rapide venue.

CHAPITRE IV

ENTRETIEN DES PLANTATIONS

S'il est important de bien planter et de prendre les plus grands soins pour assurer le succès de l'opération, il n'importe pas moins de bien diriger l'entretien des plantations.

Tout le secret de l'opération consiste à appliquer des méthodes de taille, de soins, etc., qui satisfassent aux trois conditions ; d'augmenter la valeur et la vigueur du produit, d'embellir le paysage et de ne pas nuire à la viabilité.

L'entretien des plantations comporte plusieurs opérations indiquées, d'ailleurs, dans la circulaire ministérielle du 9 août 1852.

Ce sont :

Les binages et labours au pied de l'arbre.
Les arrosages.
L'échenillage et le hannetonnage.
L'élagage comprenant l'ébourgeonnement.
Les soins à donner à l'écorce.

Je vais passer en revue, chacune de ces opérations, et indiquer les meilleures manières de les pratiquer.

§ I. — *Binages et labours.*

Nous avons vu, au début de ces intructions, quelle importance avait sur la végétation la constitution physique du sol, au point de vue de la perméabilité, de la compacité, etc. On comprend donc facilement combien il importe de labourer le pied des plantations, afin de maintenir la perméabilité du sol et de permettre aux eaux d'arriver aux racines. Cela posé, les binages ou labours doivent être faits sur une superficie au moins égale à celle des trous de plantation, en ayant bien soin de ne pas offenser les racines qui sont à la surface du sol.

Les binages et labours sont nécessaires à tous les âges, mais ils sont surtout indispensables pendant les premières années de la plantation; on doit les exécuter en mars et en novembre, en les continuant au moins pendant les dix à quinze premières années de la plantation ; le binage sera d'autant plus nécessaire, et devra être continué d'autant plus longtemps, que le sol sera plus sec, plus glaiseux, ou formera plus facilement une croûte dure à la surface.

§ II. — *Arrosages.*

Les binages ou labours ont pour effet de rendre au sol la perméabilité, mais il faut, pour qu'ils soient efficaces, les compléter par des arrosages. Il sera souvent difficile, ou au moins coûteux, de pratiquer cette opération, mais on peut toujours recueillir les eaux qui coulent sur la chaussée et sur l'accotement ; il suffira pour cela, de pratiquer les écharpes de manière à les faire aboutir aux arbres et de telle sorte qu'elles en contournent le pied.

§ III. — *Echenillage et Hannetonnage.*

Nous avons vu que les feuilles étaient les principaux organes de la nutrition ; par conséquent, il est du plus grand intérêt de détruire les chenilles ou les insectes qui peuvent dévorer les feuilles. En conséquence, aussi bien dans l'intérêt de l'arbre, que dans l'intérêt général, l'échenillage et le hannetonnage devront être faits chaque année, l'un vers la fin de février, et l'autre dans les mois d'avril et mai.

Le hannetonnage, particulièrement, qui devra se faire énergiquement tous les trois ans, se fera en ébranlant fortement, le matin, les arbres sur lesquels sont posés les hannetons et en détruisant ensuite ces insectes, par l'eau bouillante ou la chaux vive.

§ IV. — *Elagage.*

Le travail de l'élagage ou de la taille peut se résumer en trois opérations principales qui ont été très nettement formulées par M. le comte des Cars et que je me contente de reproduire :

1° Etablissement ou rétablissement de la flèche principale par la taille et par le redressement ;

2° Etablissement de l'équilibre par le raccourcissement des branches qui sont ramenées le plus possible à la direction horizontale et dirigées de manière à donner à l'arbre la forme générale d'un ovoïde.

3° Coupe rez-tronc des branches mortes,

mourantes ou superflues, et pansement au coaltar.

La nécessité de la taille et les principes qui doivent la diriger, peuvent pour ainsi dire se démontrer et se trouver par l'analyse mathématique. Je donne ci-dessous en une courte note une idée de la méthode (1), mais le bon sens et

---

(1) NOTE. — J'ai dit au début de ce travail, qu'un arbre, à un moment quelconque de son existence, représentait un travail mécanique équivalant à la réunion du travail chimique d'organisation qu'on retrouve en brûlant le végétal et du travail physique que l'on reproduit en multipliant le poids de l'arbre par la hauteur de son centre de gravité au-dessus du sol.

Soit T ce travail mécanique total,

P le poids de l'arbre,

H la hauteur de son centre de gravivé,

425 l'équvalent mécanique de la chaleur,

3,000 la puissance calorifique du bois de l'arbre,

Si l'on traduit en formule le principe évident que je viens d'énoncer on a :

$T = P. \, 3{,}000. \, 425 + P. \, H.$ d'où

$T = P. \, (m + H)$ m étant une quantité positive constante pour chaque arbre.

On tire de la en différentiant,

$dT = dP \, (m + H) + P. \, dH.$

Pour un même arbre, en admettant des variations de la valeur de P et de H, qui se feraient avec l'âge de l'arbre, et la direction qui lui aura été donnée, T. sera maximum quand $dT = O$, c'est-à-dire quand $dP \, (m + H) + P. \, dH = O$, d'où il suit que dP et dH doivent être de signe contraire et que dH sera négatif, lorsque dP sera positif. Il en ressort que quand P croîtra, H devra décroître, c'est-à-dire que *la hauteur du centre de gravité*

les principes de la végétation exposés au début de ces instructions suffisent à légitimer les diverses opérations que je viens de résumer et que je vais examiner séparément.

1° *Etablissement ou rétablissement de la flèche principale par la taille et le redressement.*

Il est évident qu'un arbre doit présenter, autant que possible, un tronc droit et vertical sur lequel viennent s'attacher les branches formant la charpente de l'arbre ; il faut donc, dès le début même de l'existence de l'arbre, lui faire une flèche bien verticale On choisira, pour

---

doit, relativement, décroître avec le poids de l'arbre, c'est-à-dire avec son âge.

On peut tirer de là des conclusions pratiques intéressantes :

1° Le rapport de la tête à la hauteur totale de l'arbre doit augmenter avec l'âge, puisque la pesanteur spécifique de la tête est plus petite que celle du tronc. En pratique, ce rapport doit varier entre 1/2 et 2/3.

Le centre de gravité devant être plus élevé dans la jeunesse, il faut, quand l'arbre est jeune, allonger la flèche, donner a la tête une forme plus aplatie, raccourcir davantage les couronnes inférieures, et, au contraire, quand l'arbre veillit diminuer l'élancement de la flèche, arrondir la tête, moins raccourcir les branches basses. Ce sont ces principes que je démontre plus haut, sans le secours de l'analyse, mais qu'il était assez intéressant de faire sortir d'une formule C'est prouver en passant que le problème de la végétation n'est qu'un cas particulier de la mécanique moléculaire.

en faire la flèche, celle des branches verticales du sommet qui est le plus d'aplomb sur le tronc, que ce soit la flèche primitive ou une branche secondaire, puis on raccourcira les autres branches à son profit, en suivant les indications qui seront données tout à l'heure dans le § 2.

Il peut arriver que la taille ne suffise pas et qu'aucune des branches de la cime ne soit verticale ou d'aplomb sur le tronc. Si l'arbre est vieux, on doit laisser 2, 3 têtes et même plus et se contenter de donner à l'arbre la forme générale qu'il doit avoir. Mais si l'arbre est jeune, et c'est le cas que j'examine le plus spécialement, on formera la flèche par l'opération dite *du redressement* et l'emploi des tuteurs.

Deux sortes de tuteurs peuvent être employés. Les uns fixés en terre, maintiennent l'arbre dans toute sa longueur ; ce sont les meilleurs, mais ils sont fort coûteux. Toutes les fois que la base de l'arbre est verticale et assez solide pour ne pas nécessiter un tuteur complet, on peut se contenter d'un tuteur aérien. Je choisis le cas le plus défavorable d'un arbre mal venant dont la tête est hors d'état de constituer une flèche, mais, ce qui se rencontre presque toujours, présentant une branche gourmande qui pourra remplacer la tête.

On prend un tuteur de la force et de la longueur voulues et on le fixe très solidement à l'aide de harts, à la partie inférieure de l'arbre, soit en A, comme l'indique la figure 1 de la planche I, et en (a) à la partie défectueuse destinée à être supprimée, à l'aide d'un fil de fer recuit de 0^m0015 à 0^m002 de diamètre.

Bien entendu, harts et fil de fer sont séparés de l'écorce de l'arbre par un tampon ou coussinet en paille, en cuir, ou en chiffon.

Le tuteur étant bien assujetti à la partie inférieure de l'arbre, au moyen de la courroie E F, on commence à rapprocher la branche gourmande de la direction verticale ; puis, en alternant l'action des courroies, E F et C D, on arrive à lui donner l'aplomb voulu. La branche secondaire la mieux disposée sert de flèche ; pour fixer cette branche dans sa nouvelle position, on la maintient provisoirement contre le tuteur, au moyen de courroies, et pendant ce temps, on fixe les parties supérieures de la flèche au tuteur par des ficelles assez fortes qui sont pour cela les meilleurs liens.

Puis, on consolide la flèche dans sa position, en attachant, non la flèche elle-même, mais les branches latérales au tuteur avec du fil de fer. Le fil de fer qui sert d'attache a la forme générale d'un 8 dont les extrémités sont tordues et enroulées pour les maintenir en place (planche I, fig. 3).

Il faut attacher aussi la flèche au tuteur par les branches latérales, plutôt que par la flèche même, afin de ne point endommager la flèche qu'il est très difficile de remplacer.

Quand toutes ces attaches sont terminées, on enlève les courroies et on procède à la taille, comme il va être dit plus bas, et on obtient un arbre ayant la forme générale de la figure 2, de la planche I.

Au bout de quelques années d'un bon entretien, l'arbre sera parfaitement redressé et l'on pourra supprimer le tuteur.

2° *Etablissement de l'équilibre par le raccourcissement des branches, qui sont ramenées le plus possible à la direction horizontale et dirigées de manière à donner à l'arbre la forme générale d'un ovoïde.*

Le travail se résume dans l'établissement de la forme générale de l'ovoïde dont il vient d'être parlé, et cela sans se préoccuper des vides, en raccourcissant les branches de chaque étage, de manière à leur laisser des longueurs à peu près égales et de façon à obtenir des ramifications horizontales extérieures. L'ovoïde sera d'autant plus allongé que l'arbre sera plus jeune, d'autant plus arrondi que l'arbre sera plus âgé. Il aura en largeur à peu près le tiers de sa dimension verticale, lorsque l'arbre aura 5 à 6 ans, et les 4/5 lorsque l'arbre sera près de sa mâturité; quant à sa dimension verticale, elle sera la moi-tié de la hauteur de l'arbre pour un plant de 5 à 6 ans et elle en sera les 2/3 pour un arbre âgé.

Cette taille, en forme ovoïde, a pour but non-seulement de donner à l'arbre une forme élégante, mais encore de le placer dans les conditions les plus favorables à la nutrition. En raccourcissant les branches supérieures, on favorise la formation de la partie haute de la flèche; en raccourcissant les branches basses, on empêche que celles-ci prennent au détriment de la flèche un développement excessif par l'absorption de la quantité considérable de sève qu'il leur faudrait, si on leur laissait la longueur prise anormalement; de plus, on donne à l'arbre la forme sous laquelle il reçoit le plus de lumière, le principe et l'origine de la végétation, et par suite, on favorise son développement et son accroissement.

En supprimant les branches qui sont à l'intérieur de l'arbre et qui, masquées par les autres, reçoivent peu de lumière, on diminue l'absorption de sève par ces branches qui concourent peu à la nutrition et on rejette cette sève dans des branches qui y contribuent plus efficacement ; en supprimant sur toutes les branches celles qui se rapprochent trop de la verticale, et qui prennent toujours une vigueur plus grande que les branches horizontales, on rétablit l'équilibre général au profit de la flèche ; enfin, en étageant convenablement les branches, les branches supérieures n'ombragent plus les parties inférieures, ce qui est une condition sur laquelle on ne saurait trop appeler l'attention.

En résumé, par le redressement de la flèche, par l'enlèvement des branches de l'intérieur masquées par les branches extérieures, par la suppression des branches verticales, et par le raccourcissement des branches ramenées vers l'horizontale de manière à donner à la tête de l'arbre une forme ovoïde, on place l'arbre : dans des conditions telles que son centre de gravité ait sa projection horizontale sur la base du tronc et que, par conséquent, l'équilibre mécanique soit aussi parfait que possible ; de telle sorte, que les parties inutiles ou nuisibles à la nutrition soient supprimées au profit de celles qui lui sont utiles ; et de telle façon que l'ensemble de l'arbre reçoive par la plus grande surface possible le contact de l'air, de la chaleur et de la lumière, ces causes premières de la vie et du développement des plantes.

3° *Coupe rez-tronc des branches mortes, mourantes ou superflues, et pansement au coaltar.*

Tant que l'arbre est jeune encore, la suppression de branches peu importantes le long du tronc peut se faire sans grand danger, mais, lorsque l'arbre est vieux déjà, que les branches à enlever ont une certaine dimension, cette suppression peut être cause de graves accidents. En effet, si l'on a l'imprudence de laisser des chicots, la sève descendante venant des feuilles ne peut atteindre la partie inférieure du chicot ; la surface coupée, exposée à la pluie, à la chaleur, etc..., entre bientôt en décomposition, le chicot, privé de communication avec les feuilles, meurt et se dessèche, l'écorce ne tarde pas à tomber et le tronçon reste comme une cheville implantée dans le corps de l'arbre. En peu d'années, le chicot pourrit et la carie pénètre jusqu'au cœur. Le moindre inconvénient qui puisse arriver si le chicot est très court, c'est que la plaie se recouvre et que sur le bois et l'écorce de recouvrement se forme une protubérance sur laquelle se développent des quantités de rejets.

Tous ceux qui ont vu des arbres ainsi traités, et ils sont nombreux, savent que ce sont ces conditions déplorables d'existence, qui, la plupart du temps, enlèvent à l'arbre sa valeur industrielle et même d'ornement.

On évite tous ces inconvénients par la coupe rez-tronc et le pansement au coaltar.

En agissant ainsi, on ne tarde pas à voir un bourrelet de nouveau bois se former sur les parties supérieures et latérales, puis constituer un anneau régulier autour de la plaie qui arrive à se cicatriser, sans qu'il se soit manifesté la moindre carie.

Il est bon de rappeler cependant que c'est là une opération chirurgicale qu'il ne faut pas faire sans nécessité; il ne faut la pratiquer que quand on y est obligé et alors les soins prescrits en diminuent les inconvénients.

J'ai examiné, avec beaucoup d'attention, les plaies que je fais faire ainsi depuis quelques années aux arbres des services dont j'ai été chargé, en les élaguant, et j'ai observé que la plaie se cicatrisait de la façon suivante :

Il y a d'abord formation d'un bourrelet sur le bord de la plaie, le bourrelet inférieur étant plus lent à apparaître; et, peu à peu, les bourrelets latéraux augmentent de volume en s'applatissant. Les bourrelets inférieurs et supérieurs augmentent de même, quoique plus lentement, mais en affectant des dispositions caractéristiques ; le bourrelet inférieur prend une forme aplatie semblable à celle des bourrelets latéraux, tandis que le bourrelet supérieur prend une courbure plus accentuée ; au bout d'un nombre d'années plus ou moins grand, la plaie se referme, les bourrelets et surtout les bourrelets latéraux étant venus se joindre au centre de la plaie et la clore entièrement. L'explication de ce phénomène est assez simple, en admettant la théorie de la végétation qui a été exposée plus haut. Par suite de la section rez-tronc, le liber est tronqué et mis à nu sur tous les bords de la plaie et sur une surface plus grande sur les bords latéraux. La sève, en traversant le corps ligneux du centre à la circonférence, s'épanche dans l'écorce, et sous l'influence de la lumière, de la chaleur et de l'air, s'organise en cambium. Ce cambium, plus abondant sur les bords latéraux, s'étend entre l'écorce et l'aubier, pour former une nouvelle couche de liber. Simultanément « la sève descendante, ainsi que l'explique M. du Breuil, arrêtée dans sa marche, s'extravase par l'orifice des vaisseaux coupés, se solidifie, s'organise et forme un bourrelet sur le bord supérieur et sur les deux bords latéraux. Ces bourrelets sont d'abord formés par une petite masse de tissus cellulaires; mais bientôt, les filets ligneux et ceux du liber descendant des feuilles à la face extérieure de l'aubier et à la face intérieure du liber, rencontrent également une solution de continuité. Pénétrant alors le bourrelet de tissu cellulaire, ils rampent le long des bords de la plaie « de telle sorte qu'à la fin de l'année, ces bourrelets sont formés par une petite couche d'aubier et une couche d'écorce. »

Lorsque la plaie est entièrement close, le bois qui la recouvre ne lui est pas soudé, mais il lui est parfaitement juxtaposé, et suivant M. des Cars et M. de Courval, la fente ou la fissure qui subsiste est très comparable aux fentes ou gerçures naturelles provenant de la dessication; elle n'ôte au bois d'œuvre aucune de ses propriétés, et rien de sa valeur industrielle.

La règle est donc de couper rez tronc toutes les branches que l'on est forcé de détacher du tronc de l'arbre. Cette suppression devra s'appliquer évidemment au cas des branches mortes ou mourantes, mais de plus au cas des branches superflues. On se guidera pour l'enlèvement de ces branches d'après les principes généraux donnés tout à l'heure à propos de l'entretien des jeunes arbres.

En résumé, voici ce qu'il convient de faire :

Lorsque deux branches partent d'un même point du tronc, il faut, lorsqu'elles sont d'un petit diamètre, supprimer l'une d'elles afin d'éviter l'énorme empâtement qui se forme toujours sur le tronc à leur point de rencontre; lorsqu'une branche charpentière se dirige verticalement à l'intérieur de l'arbre, il faut, si elle est de petite dimension, la supprimer de même pour diverses raisons révélées par la théorie de la végétation : noyée dans l'intérieur de l'arbre, et très imparfaitement en contact avec l'air et la lumière, elle aide peu à la nutrition de l'arbre et se nourrit aux dépens du tronc; bien plus, elle peut, si elle est d'un assez fort diamètre, porter ombre sur les autres branches, les forcer à s'incliner pour chercher la lumière, et détruire ainsi l'équilibre de l'aplomb de la tête. Pour les mêmes raisons, il faut raccourcir les branches charpentières trop longues, en ayant soin de le faire au-delà d'une ou plusieurs branches secondaires et au point où elles deviennent verticales, ou se rapprochent de la verticale « parce qu'elles prennent une vigueur excessive aux dépens de la flèche, » et parce que les branches secondaires que l'on laisse subsister sont justement celles qui puisent dans l'atmosphère la nourriture de l'arbre.

Enfin, il faut, lorsque cela est nécessaire, s'attacher, par le raccourcissement des branches charpentières horizontales ou à peu près horizontales formant la charpente de l'arbre, à donner à cet arbre, comme il a été dit, la forme d'un œuf ou ovoïde.

Lorsque la taille a été ainsi pratiquée, il faut panser au coaltar les plaies faites sur le tronc de l'arbre ou sur les parties des branches voisines du tronc. Le coaltar est tout simplement un goudron qu'on trouve dans les usines à gaz, mais qu'il faut avoir soin, avant de s'en servir, de chauffer à l'air libre dans un chaudron, afin de l'épaissir et brûler des huiles essentielles que renferment les goudrons et qui nuiraient à la végétation de l'arbre.

Le pansement au coaltar se fait par l'application au pinceau du coaltar sur la plaie même ; il a pour but, en écartant les insectes, d'isoler cette plaie du contact de l'air et de l'eau pluviale et de la préserver ainsi de toutes les causes de décomposition que ce contact entraîne.

§ V. — *Epoques de la taille.*

Les opérations que nous venons de passer en revue ne se font guère qu'une fois sur les vieux arbres avec toute ceite importance ; quand il s'agit d'arbres jeunes, elles se font en une fois, mais il faut, chaque année, ébourgeonner l'arbre tant qu'il se présente des pousses autour du tronc, surveiller la tête pour éviter des doubles cimes, enlever les branches gourmandes, intérieures ou verticales ; enfin, quand les couronnes inférieures doivent être retranchées, il faut laisser un intervalle de trois ans, au moins, entre deux opérations successives.

S'il s'agit d'arbres déjà âgés, il faut diviser l'opération de l'élagage en plusieurs années, afin de ne point couvrir le tronc de l'arbre de trop de plaies à la fois ; cette opération a, en même temps, l'avantage de rendre la transformation moins radicalement apparente, et de ne point blesser les yeux des voyageurs, par la vue d'arbres enlaidis par une taille trop brusque.

La meilleure saison pour l'élagage est l'automne, ou, mieux encore, le début du printemps lorsque la végétation est suspendue ou n'est pas encore commencée.

§ VI. — *Instruments pour l'entretien des plantations.*

Les instruments indispensables sont :

Deux serpes à lame droite, dites serpes flamandes, du poids de 1 k. 300.

La courroie ceinturon, destinée à suspendre le crochet portant la serpe et qui se place autour du corps à la façon du baudrier.

L'échenilloir à poulie, pour couper les branches hautes et faibles.

Le sécateur.

La hachette, pour les très grosses branches et les vieux chicots.

L'émondoir à crochet, qui sert pour les jeunes arbres et dispense jusqu'à un certain point de l'emploi des échelles.

Le pot à coaltar, la brosse et l'S pour suspendre le pot. Un jeu de trois courroies de 0^m50, 1^m00 et 1^m50 pour redresser les arbres.

Une échelle double de 4 à 5 mètres de hauteur.

Et un jeu de 2 à 3 échelles simples dont les hauteurs varient avec les âges et les dimensions des plantations à élaguer. Tous ces instruments à l'exception des échelles, se fabriquent dans de bonnes conditions de solidité et de prix à Paris, 10, rue Sainte-Placide, chez Souriou.

CHAPITRE V

SOINS A DONNER A L'ÉCORCE

Nous avons vu que les arbres ne se nourrissent pas seulement par les feuilles, mais aussi par le parenchyme de l'écorce; on comprend donc facilement que l'écorce doit être maintenue en bon état. Plusieurs cas peuvent se présenter :

§ I. — *Enlèvement de la mousse.*

L'écorce est saine, mais est couverte d'une mousse verdâtre qui l'isole du contact de l'air et de la lumière, ce qui, surtout quand l'arbre est jeune , est très préjudiciable à sa santé et à sa prospérité.

On fera disparaître cette mousse en badigeonnant l'écorce avec un lait de chaux pas trop épais ; au bout de quelque temps, les mousses deviennent rougeâtres, de vertes qu'elles étaient, et tombent sous l'influence de pluies successives. On pourra quelquefois, si la mousse persistait, gratter , utilement, l'arbre avec une sorte de couteau à papier, après un temps humide ou une pluie, quand la mousse tient peu à l'écorce, ou encore, par un temps sec, avec une brosse en chiendent.

§ II. — *Soins à donner aux arbres atteints de la carie ou d'ulcères.*

Il peut arriver que l'écorce et l'arbre même soient atteints de maladies, telles que la carie et les ulcères. Dans ce cas, il n'y a qu'une chose à faire, nettoyer à vif les parties malades, jusqu'à l'endroit où l'écorce est bien portante et bien adhérente à l'aubier, et panser au coaltar : si le mal est peu avancé, et si, par une cause quelconque, l'on trouve des trous dans l'intérieur de l'arbre, il faut enlever les parties décomposées en curant à vif la plaie et les bords du trou, enduire l'intérieur de coaltar et remplir la cavité avec du mortier de ciment de Portland. Au bout d'un temps plus ou moins long, le bourrelet se forme, se referme et le ciment se recouvre parfaitement. Les causes de destruction étant ainsi écartées, l'arbre cesse de se détériorer.

§ III. — *Maladies dues aux insectes. — Soins à prendre.*

Enfin, il peut arriver que l'écorce et l'arbre lui-même soient attaqués par des insectes qui, dans certains cas, deviennent un véritable fléau. Ce sont pour les ormes principalement les scolytes; pour les ormes, les frênes et les peupliers, les cossus; pour les peupliers surtout, la sésie et le capricorne, etc.

On reconnaît la présence des scolytes à ce que l'écorce est criblée de petits trous, qu'elle se décolle facilement et qu'elle offre à la surface qui regarde le tronc des traces de galerie qui ressemblent à des arabesques.

Le remède consiste à décortiquer la partie malade, c'est-à-dire à enlever l'écorce jusqu'au vif, ou au liber. On fera cette opération en hiver et on pourra badigeonner l'arbre avec du coaltar dans les parties où l'on aura enlevé l'écorce. Ce badigeonnage n'est pas indispensable, mais peut être fort utile.

Les cossus se trouvent surtout au pied des arbres; on reconnaît leur présence à des écoulements de sève accompagnés de détritus rougeâtres et de boursouflements de l'écorce. Leur destruction se fait assez facilement. Il faut d'abord déchausser le pied des arbres, afin de détruire les chenilles qui se trouvent au-dessous du collet, puis on détruit les cossus en les piquant avec un fil de fer qu'on introduit dans les galeries qu'ils creusent.

La sésie se détruit comme le cossus; le capricorne se détruit comme le hanneton.

En résumé, il est assez facile de détruire les insectes qui nuisent à la végétation des arbres; mais le meilleur moyen de les éloigner est de maintenir l'arbre en bon état par l'application des bonnes méthodes de plantation et d'entretien. On a remarqué que les vers ou insectes, si nuisibles aux arbres, languissaient, fuyaient les arbres vigoureux où la sève coulait abondamment et où les tissus se formaient avec rapidité.

Il n'y a donc pas de meilleur moyen de protéger l'arbre que de lui donner une végétation prompte et vigoureuse. C'est ce procédé aussi bon pour les plantes et pour les arbres que pour les hommes et qu'on appelle l'hygiène.

Tel est, à peu près, le résumé des meilleures méthodes à employer pour l'établissement et l'entretien des plantations sur les routes et sur les avenues. Comme je l'ai dit au début de ces instructions, ces méthodes sont, presque toutes, décrites dans les livres de M. du Breuil et de M. le comte du Cars. Je n'ai fait, pour ainsi dire, que les résumer et les réunir. Les procédés d'élagage principalement sont encore fort peu répandus ; je m'estimerai heureux et je croirai avoir rendu un véritable service si j'ai donné à quelques propriétaires de bois et de forêts, à quelques camarades, à quelques conducteurs ou agents-voyers, chargés comme moi de plantations, l'idée de les appliquer et la pensée de puiser plus en détail, dans le petit livre de M. le comte des Cars, les bonnes notions qui doivent présider à l'entretien des arbres d'alignement.

FIN

TABLE DES MATIÈRES

	Pages.
AVERTISSEMENT	5
INTRODUCTION	7
CHAPITRE I	10
CHAPITRE II. — Principes de physiologie végétale.	11
§ 1. — Essai d'une théorie du mode de nutrition des arbres	11
§ 2. — Principes généraux de physiologie végétale utiles à retenir.	20
CHAPITRE III.— Etablissement des plantations.	22
§ 1. — Choix des essences.	22
§ 2. — Emplacement et espacement des plantations.	23
§ 3. — Ouverture des fosses.	25
§ 4. — Choix des arbres	28
§ 5. — Plantation et remplissage des fosses.	31
§ 6. — Tuteurs.	32
CHAPITRE IV. — Entretien des plantations.	33
§ 1. — Binages et labours	34
§ 2. — Arrosages	35
§ 3. — Echenillage et hannetonnage	35

§ 4. — Elagage.   36

§ 5. — Epoques de la taille.   49

§ 6. — Instruments pour l'entretien des plantations.   50

CHAPITRE V. — Soins à donner à l'écorce . .   51

§ 1. — Enlèvement de la mousse   52

§ 2. — Soins à donner aux arbres atteints de la carie ou d'ulcères   52

§ 3. — Maladies dues aux insectes. — Soins à prendre.   53

Senlis. — Impr. E. Payen.

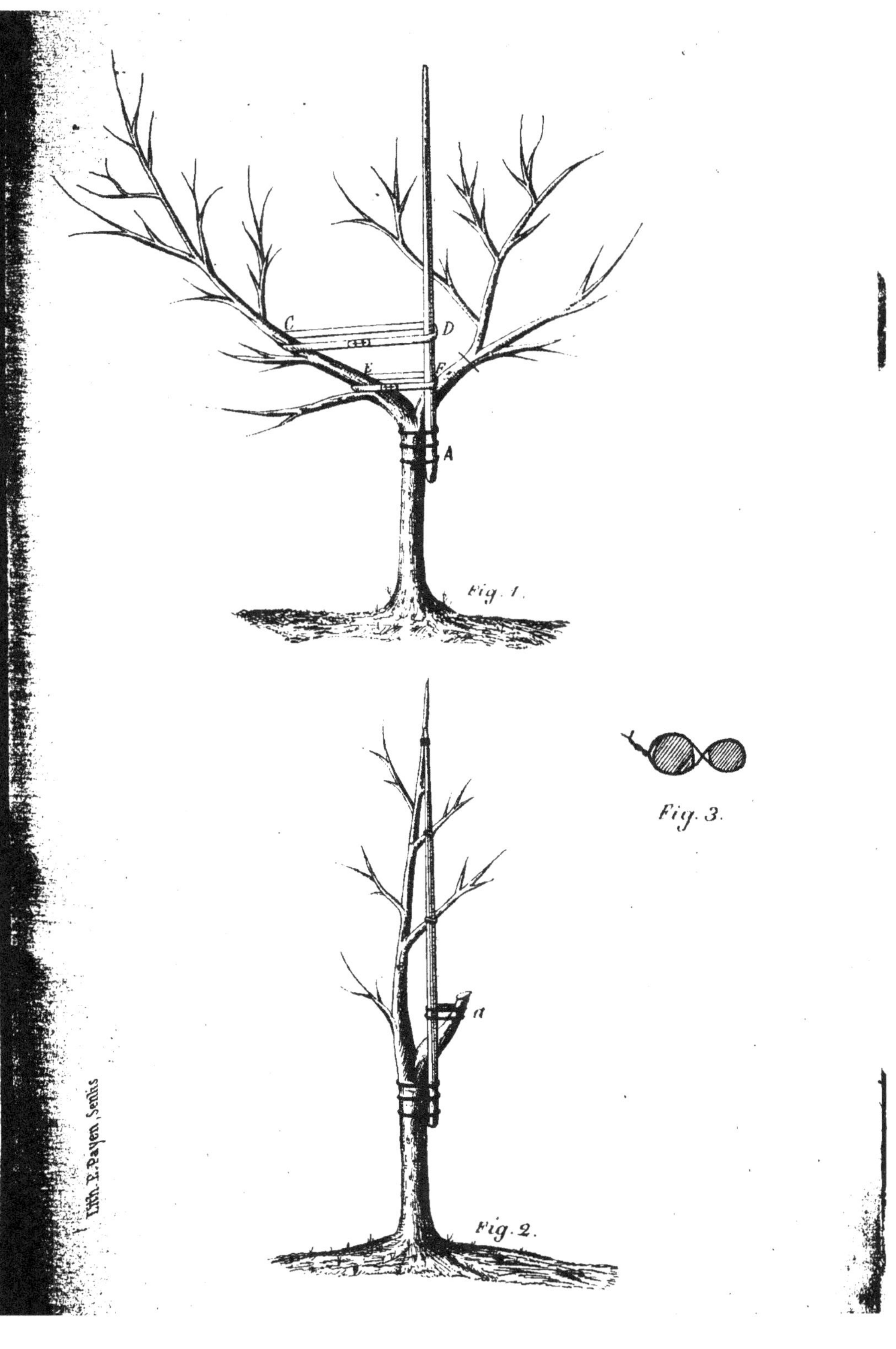
C
D
E
F
A
Fig. 1.
a
Fig. 2.
Fig. 3.
Lith. P. Payen, Senlis